Commentaire

Par Bénédicte de Villiers

Phénoménologie de la perception

Autrui et le monde humain

Merleau-Ponty

lePetitPhilosophe.fr

MERLEAU-PONTY

PHILOSOPHE FRANÇAIS QUI S'INSCRIT DANS LE COURANT PHÉNOMÉNOLOGIQUE

- **Né en 1908 à Rochefort-sur-Mer**
- **Décédé en 1961 à Paris**
- **Quelques-unes de ses œuvres :**
  - *Phénoménologie de la perception* (1945)
  - *Signes* (1960)
  - *Le Visible et l'Invisible* (1964)

Maurice Merleau-Ponty s'inscrit dans l'histoire philosophique et politique du XXe siècle au même titre que Jean-Paul Sartre (1905-1980) par exemple, avec lequel il a étudié à l'école normale supérieure de Paris. Merleau-Ponty sera professeur à la Sorbonne, puis, dès 1953, au Collège de France.

L'œuvre de Merleau-Ponty prend place dans le courant phénoménologique qu'Edmund Husserl (1859-1938) inaugure en Allemagne en 1901 et qui est prolongé par Martin Heidegger (1889-1976). En 1942, Merleau-Ponty publie *Structure du comportement* et, trois ans plus tard, *Phénoménologie de la perception*. Si ces deux livres prolongent l'effort de Husserl, Merleau-Ponty développe aussi une pensée toute personnelle, perceptible notamment dans *Signes* (1960) ou *Le Visible et l'Invisible* (1964).

PHÉNOMÉNOLOGIE DE LA PERCEPTION

POUR UNE PHILOSOPHIE DU MONDE PERÇU

L'objectif de la phénoménologie peut se définir par ces mots : « retour aux choses mêmes ». Il s'agit de revenir aux phénomènes tels qu'ils apparaissent, tels qu'ils se donnent à voir et donc à penser.

Dans *Phénoménologie de la perception* (1945), Merleau-Ponty tente d'élaborer une alternative rationnelle et rigoureuse au discours scientifique dominant. Celui-ci, quoiqu'efficace et productif, rompt selon lui les attaches entre le « monde de la vie » (le monde de l'expérience) et les hommes qui y vivent. Le discours scientifique place face à face sujets et objets – ce qui constitue une condition optimale pour que les premiers puissent mesurer, maitriser et exploiter les ressources des seconds. Mais, ce faisant, la solidarité originaire des hommes et du monde, par laquelle l'expérience humaine acquiert un sens personnel et social, semble brisée.

LE PROJET DE MERLEAU-PONTY

Le livre s'ouvre sur cette caractérisation de la phénoménologie : « C'est une philosophie pour laquelle **le monde est toujours "déjà là"** avant la réflexion, comme une **présence inaliénable**, et dont tout l'effort est de **retrouver ce contact naïf** avec le monde pour lui donner enfin **un statut philosophique**. » (Avant-Propos, p. I)

La *Phénoménologie de la perception* propose ainsi d'en **revenir au monde tel que nous en faisons tous les jours l'expérience, afin de thématiser la signification même de cette présence mondaine**. Ce monde dans lequel nous vivons, c'est par exemple « une forêt, une prairie ou une rivière ». Il s'agit là du « monde avant la connaissance » mais « dont la connaissance parle toujours » (p. III). Autrement dit, l'élaboration d'un discours sur un paysage peut bien aboutir à la constitution d'une carte géographique, mais le monde de notre vie n'est ni une carte ni une représentation. C'est un espace perçu par nos mouvements corporels, qui se laisse appréhender grâce à des qualités sensibles particulières (des couleurs, des odeurs, des sons, etc.). Ainsi, **toute science apparait comme une abstraction, une construction seconde par rapport à notre expérience sensible**, une expression dérivée de celle-ci. Merleau-Ponty, à l'instar des phénoménologues qui l'ont précédé, voudrait revenir à notre expérience spontanée ou naïve du monde, pour lui donner un statut philosophique.

CRITIQUE DE L'IDÉALISME PHILOSOPHIQUE ET DE L'OBJECTIVISME SCIENTIFIQUE

Dans la *Phénoménologie de la perception*, Merleau-Ponty entend **prendre ses distances vis-à-vis de deux perspectives qui ont dominé la philosophie moderne** : l'idéalisme et l'objectivisme.

> ### BON À SAVOIR
>
> L'**idéalisme**, en philosophie, est notamment représenté par René Descartes (1596-1650). Cette doctrine établit que la réalité la plus sûre et la plus évidente que je puis connaitre est celle de la pensée, et non celle du monde extérieur. À l'inverse, l'objectivisme s'appuie d'abord sur ce qui est donné comme réalité en dehors du sujet pensant.

Dans une **perspective idéaliste**, un sujet est d'abord certain de lui-même – ***Cogito ergo sum*** : « Je pense donc je suis » – avant de pouvoir être assuré du monde extérieur. Or, objecte Merleau-Ponty, « la vérité n'habite pas seulement l'homme intérieur ». Avant tout, « l'homme est au monde » et c'est même « dans le monde qu'il se connaît » (p. 5). Autrement dit, le sujet humain est fondamentalement ouvert à un monde qui le précède, et celui-ci demeure le support indépassable de son expérience corporelle, expressive, interpersonnelle, etc.

Mais il ne faudrait pas croire pour autant que le **discours**

« **objectiviste** » sur le monde extérieur soit sans défaut. Dans son premier ouvrage, la *Structure du comportement*, Merleau-Ponty avait déjà critiqué cette vision de la nature où celle-ci est réduite à une multiplicité d'évènements, de faits, de données fragmentaires et détachées les unes des autres. Ce monde-là est un **agglomérat de faits** sans signification. Et, en fin de compte, comme dans l'idéalisme, c'est tout de même la pensée qui ordonne la nature (par exemple en lui appliquant un principe de causalité).

Dès 1942, Merleau-Ponty ambitionne de battre en brèche ces deux perspectives sur le monde et la pensée en recourant notamment au **concept de structure**. La structure vise à **rendre compte de la zone d'adhérence entre le réel et l'intellectuel**, entre l'extérieur et l'intérieur : une structure est à la fois significative et sensible. Ainsi, par exemple, un animal se donne à voir d'une façon intrinsèquement structurée, et il exprime ainsi de lui-même le sens de son être ou sa signification. **Une structure est à la fois significative et sensible**, c'est-à-dire qu'elle est porteuse de sens en même temps qu'elle se donne à voir. Ainsi, par exemple, chaque animal a une façon bien à lui de se manifester. Il possède un style d'apparition qui nous permet de le reconnaitre et de l'identifier, malgré d'éventuels changements de comportement en fonction des circonstances. Or ce qui fait ainsi son style est aussi ce qui constitue, pour nous, son principe d'intelligibilité.

L'EXPÉRIENCE DE LA PERCEPTION

L'expérience perceptive nous rappelle que **l'homme, avant même d'être une « chose pensante »** (*res cogitans*), comme le soutenait Descartes, **est un être ouvert au monde qui l'entoure**. La perception est l'expérience de cette ouverture au monde et aux autres êtres que nous y rencontrons. « La perception n'est pas une science du monde » (p. v) mais l'expérience de notre « inhérence aux choses » (p. 403). Le corps qui constitue le support de cette expérience remarquable n'est pas le « corps étendu » (*res extensa*) tel que l'envisage l'anatomie ou la physiologie. C'est plutôt **un corps qui vit, qui se meut et qui perçoit**, et qui, dès lors, porte mieux le nom de « chair » que de « corps physique ».

> ### BON À SAVOIR
>
> **Edmund Husserl** avait déjà établi cette distinction, en s'appuyant sur la langue allemande qui propose deux termes différents pour parler du corps : *Leib*, c'est-à-dire « chair ou corps vécu », et *Körper*, « corps physique ».

Mais l'expérience perceptive comporte en elle-même une forme de réflexion et de **connaissance du monde**, que Merleau-Ponty veut développer. Dans la *Phénoménologie de la perception*, il se penche donc sur **une expérience particulière** qui met en lumière cette adhérence de soi et du monde : **la main touchée-touchante**. Il s'agit d'une expérience où je touche ma main droite avec ma main gauche. Je ne puis être qu'interpellé, explique-t-il, par le fait que ce qui est un moment « l'objet main droite » (p. 109), l'objet senti, peut lui aussi se mettre à sentir. Quoique « jamais les deux mains ne sont en même temps l'une à l'égard de l'autre touchées et touchantes » (*ibid.*), quoiqu'il ne s'agisse donc pas de deux sensations que j'éprouverais en même temps, il reste qu'alternativement, les deux mains se trouvent dans une fonction de « touchante » et de « touchée ». Ce qui signifie que « **le corps** se surprend lui-même de l'extérieur en train d'exercer une fonction de connaissance, il essaye de se toucher touchant, il **ébauche *une sorte de réflexion*** et cela suffirait pour le distinguer des objets » (*ibid.*).

Quelle sorte de connaissance primordiale peut donc produire le corps lui-même ? À tout le moins, **une connaissance d'une nature et d'une temporalité qui nous dépassent**, mais qui nous portent, nous traversent, et dans laquelle chaque vivant s'insère. Il s'agit aussi d'une connaissance **marquée par la finitude**, par le fait de n'être qu'un point de vue limité et contingent sur le monde, une perspective parmi d'autres possibles. En somme, à côté de la vie naturelle et du temps qui s'écoule, ma vie aura toujours l'air d'une ébauche. Marqué par la finitude, le sujet n'est du coup pas transparent à lui-même, jamais absolument clairvoyant : « Le vécu n'est jamais tout à fait compréhensible, ce que je comprends ne rejoint jamais exactement ma vie [...] je ne fais jamais un avec moi-même. Tel est le sort d'un être qui est né, c'est-à-dire qui, une fois et pour toujours, a été donné à lui-même comme quelque chose à comprendre. » (p. 399)

MONDE NATUREL ET MONDE CULTUREL

Par ailleurs, de même que **la nature** pénètre en moi et me constitue, celle-ci est **marquée par les traces que les hommes ont laissées sur elle** : « Je n'ai pas seulement un monde physique, je ne vis pas seulement au milieu de la terre, de l'air et de l'eau, j'ai autour de moi des routes, des plantations, des villages, des rues, des églises, des ustensiles, une sonnette, une cuillère, une pipe. Chacun de ces objets porte en creux la marque de l'action humaine à laquelle il sert. Chacun émet une atmosphère d'humanité. » (p. 399-400)

Ainsi y a-t-il également, à côté du monde naturel, **un monde culturel et social à connaitre**. Or celui-ci se donne à percevoir « sous un voile d'anonymat » (p. 400) puisque je ne sais pas quel « Tu » est créateur de tel ou tel objet, je ne connais pas l'ensemble des sujets qui ont créé le monde culturel que je perçois. Comment puis-je dès lors connaitre ces sujets que je ne perçois pas ? Comment puis-je accéder à leur intériorité ?

Par conséquent, le problème devient de savoir **comment le mot « Je » peut se mettre au pluriel** : « Comment puis-je parler d'un autre Je que le mien, comment puis-je savoir qu'il y a d'autres Je, comment la conscience qui, par principe, et comme connaissance d'elle-même, est dans le mode du Je, peut-elle être saisie dans le mode du Toi et par là dans le monde du "On" ? » (p. 400-401)

Il y a là effectivement un paradoxe à explorer : comment la conscience, qui est d'abord la mienne, peut-elle être vue, perçue et connue « par le dehors » ? Descartes semble avoir mis en lumière l'évidence qu'un sujet peut avoir de lui-même, de son activité de conscience, de sa réflexivité. Mais **comment un sujet peut-il accéder à autrui et à la conscience d'autrui ?**

- C'est un problème pour une **pensée idéaliste** qui a placé le « Je » à une place centrale, et l'a désigné comme source absolue du sens. Car si je peux occuper cette place éminente, quelqu'un d'autre peut le faire tout autant. Mais, dans ces conditions, me voilà destitué de mon rôle constituant et originaire !
- Pour une **pensée objectiviste**, la difficulté surgit tout autant : si autrui m'est donné comme un agglomérat de molécules, un édifice chimique, un ensemble mécanique, il reste que c'est finalement moi, comme sujet pensant, qui peux lui donner le sens d'un « autrui », comme je peux attribuer une signification à d'autres choses du monde.

De ce fait, la même conclusion s'impose du côté de l'idéalisme et de l'objectivisme : « **Il n'y a pas de place pour autrui** [...] si je constitue le monde, je ne peux penser une autre conscience, car il faudrait qu'elle le constituât aussi, et, au moins à l'égard de cette autre vue sur le monde, je ne serais pas constituant. » (p. 402)

Pour sortir de ces difficultés conceptuelles, il convient d'en **revenir à notre expérience perceptive du monde**, explique Merleau-Ponty. Celle-ci, nous l'avons vu, signe notre adhérence ou, mieux, **notre inhérence aux choses**. Elle nous renvoie donc vers cette couche fondamentale de notre expérience où nous ne sommes **pas encore coupés**

des autres et du monde – car il faut bien admettre que quand les ponts sont rompus, il est extrêmement difficile de les rétablir ! C'est bien cette couche fondamentale de l'expérience qui doit être encore davantage examinée, pour clarifier le problème d'autrui et du monde humain.

L'extrait qui suit vise précisément à montrer que mon expérience me met d'emblée en rapport avec de « l'autre » : percevoir équivaut à percevoir *quelque chose, quelqu'un*, etc. sur fond d'environnement. Merleau-Ponty s'attèle ainsi à explorer la couche de notre expérience où nous sommes en contact avec autrui, avec un monde naturel et humain, qui nous constitue tout autant que nous le constituons.

TEXTE

AUTRUI ET LE MONDE HUMAIN

À partir de « L'évidence d'autrui est possible parce que je ne suis pas transparent pour moi-même et que ma subjectivité traîne après elle son corps. Nous disions tout à l'heure : en tant qu'autrui réside dans le monde, qu'il y est visible et qu'il fait partie de mon champ, il n'est jamais un Ego au sens où je le suis pour moi-même. [...] » jusqu'à « [...] Il en prend possession, il apprend à s'en servir comme les autres s'en servent, parce que le schéma corporel assure la correspondance immédiate de ce qu'il voit faire et de ce qu'il fait et que par là l'ustensile se précise comme un *manipulandum* déterminé et autrui comme un centre d'action humaine. »

MERLEAU-PONTY (Maurice), *Phénoménologie de la perception*, Paris, Gallimard, 1945, p. 405-406.

EXPLICATION ET ANALYSE DU TEXTE

PREMIER PARAGRAPHE

L'évidence d'autrui

Notre finitude, qui s'annonçait comme un obstacle à l'exercice de notre pensée dans la mesure où elle prouve que la pensée est « empêtrée » dans le monde, peut s'avérer finalement être un avantage, notamment pour **rendre compte de « l'évidence d'autrui ».**

Précédemment, nous avons vu les difficultés suscitées par une pensée idéaliste qui s'appréhende elle-même, **de l'intérieur**, comme sujet pensant et, par conséquent, ne peut voir les autres sujets autrement que comme des « choses » extérieures. Merleau-Ponty conteste cette idée selon laquelle je perçois originairement les autres « comme des choses », étalées là, en face de moi. **Les autres**, dit-il, se donnent à percevoir comme des attitudes, des mouvements, bref, comme **des comportements**, c'est-à-dire comme **une ouverture au monde et une prise sur celui-ci**. Ils sont d'emblée « au dehors », exactement **comme je le suis moi-même**. Du même coup, je sors de l'impasse conceptuelle dans laquelle j'étais et « ma perception d'autrui ne le réduit pas à la condition d'objet dans mon champ » (p. 405).

Merleau-Ponty évoque **l'impasse du *cogito* cartésien qui veut accéder à autrui** : « Le *cogito* d'autrui destitue de toute valeur mon propre *cogito* et me fait perdre l'assurance que j'avais dans la solitude d'accéder au seul être pour moi concevable, à l'être tel qu'il est visé et constitué par moi. »

(p. 405) À la fin du chapitre, Merleau-Ponty reviendra avec la même idée, mais en la justifiant par l'absurde : on a parlé de la solitude du *cogito*, parce qu'il ne trouve rien autour de lui de plus sûr et certain à penser que lui-même. Or, peut-on objecter, pour pouvoir parler de « solitude », pour décrire ce que cela signifie, il faut préalablement avoir une conscience, même préréflexive ou pas tout à fait aboutie, de ce que c'est d'être à deux ou à plusieurs ! Autrement dit, sans une expérience originaire d'autrui, je ne saurais même pas que je suis dans la solitude : « Il faut bien que mon expérience me donne en quelque manière autrui, puisque, si elle ne le faisait pas, je ne parlerais pas même de solitude et je ne pourrais pas même déclarer autrui inaccessible. » (p. 412-413)

Ainsi, **mes pensées ne sont pas fermées sur elles-mêmes, mais ouvertes sur le monde**. Pour être plus précis, il faut même reconnaitre que le monde pénètre en moi par la perception, avant que je puisse m'en forger une pensée. Il m'est donné à voir ou à sentir, avant que je puisse le penser distinctement. Et il en va de même pour autrui : celui-ci s'inscrit dans ce même monde et est pénétré par lui de façon analogue à moi. **Autrui et moi-même partageons donc cette condition humaine d'être ouvert au monde**, avant d'être capables d'en élaborer une conscience explicite. **Ni autrui ni moi ne sommes transparents à nous-mêmes**. Nous sommes plutôt marqués d'une **« opacité » constitutive**, que nous ne maitrisons pas par la pensée, mais qui nous est donnée. Par là, on en revient à l'aspect positif de la **finitude**, considérée comme cette **couche originaire de l'expérience** que nous partageons avec autrui.

Ce qu'autrui et moi-même partageons, c'est de trouver en soi « un sujet pré-personnel, donné à lui-même ». Autrement dit **nous partageons cette condition humaine de n'être pas transparent à soi**, mais au contraire d'inclure en soi une **opacité constitutive**. On revient alors à l'aspect positif de la **finitude**, qui est cette couche originaire de l'expérience que nous partageons avec autrui.

Finitude et altérité de l'homme

La distance de Merleau-Ponty avec Descartes se précise : mon rapport à moi-même n'est pas transparent, **je suis un être fini et marqué par l'altérité** (la nature, le temps, etc.). Marqué intrinsèquement par de « l'autre », je ne suis dès lors plus « séparé » du monde. Il y a originairement une trace de lui en moi. Chez Descartes, en revanche, le monde extérieur suscitait le doute, dans la mesure où il se pouvait que l'homme se trompe à son sujet, qu'il soit en train de rêver et dans l'illusion de se rapporter au monde.

Si je fais abstraction de cette conception idéaliste du monde (Merleau-Ponty dit qu'il la « maintient dans un état de neutralité ») selon laquelle un monde est *en face de moi* ou « étalé devant moi », **alors il y a place *en moi* pour l'altérité**, pour le comportement d'autrui, pour tout ce qui provient du monde. Autrui et moi-même partageons par ailleurs cette condition d'être des sujets percevants, donc ouverts au même monde. Nous ne sommes plus des sujets pensants repliés sur nous-mêmes (« des *cogitationes* enfermés dans leur immanence »), mais « des êtres qui sont dépassés par leur monde et qui, en conséquence, peuvent bien être dépassés l'un par l'autre ».

En nous penchant sur **l'expérience de la perception des choses**, nous pouvons constater qu'un point de vue fini sur une chose appelle forcément d'autres points de vue, pour venir compléter le premier. Nos perspectives sont ainsi destinées à se multiplier et à se compléter pour finir par former une perception plus ou moins unifiée de la chose.

Prenons un exemple simple (qui ne se trouve pas dans le texte de Merleau-Ponty) : je vois le coin d'une table. J'aperçois une partie de la face plane sur laquelle je peux faire reposer des objets, ainsi qu'une partie de deux faces d'un pied de cette table. Ma perception actuelle n'est pas complète, et pour être sûr qu'il s'agit bien d'une table (et non pas d'une représentation plane d'une table), il faut que je multiplie les points de vue sur la table, que je m'assure qu'il y a bien quatre pieds, etc. Il y ainsi comme une finalité à la perception de la table, qui conduit les perspectives à se compléter les unes les autres pour donner à voir les choses telles qu'elles se manifestent. Bien sûr, pour avoir déjà derrière moi une expérience des objets du monde, je n'ai pas besoin chaque fois de vérifier qu'une surface possède bien quatre pieds pour tenir horizontalement. C'est une forme de pré-savoir, de pré-conscient, que je possède et que je peux actualiser à ma guise.

Ce qui est vrai de la perception d'une chose, explique Merleau-Ponty, l'est aussi de **la perception d'autrui**. Il convient de retrouver cette façon très naturelle d'être au monde, quand il nous semble normal que ma perspective sur le monde puisse être complétée par celle d'autrui. Si je peux de mon côté multiplier mes perspectives sur la table pour identifier l'objet auquel j'ai affaire, il m'arrive aussi de compter sur les autres et de tabler sur les compléments d'information qu'ils peuvent me donner. Cela se produit de façon très naturelle, c'est une expérience que nous accomplissons sans y penser, mais sur laquelle Merleau-Ponty insiste : « Il nous faut apprendre à retrouver la communication des consciences dans un même monde. » Il ne s'agit pas là d'inclure la perspective d'autrui en moi, ni, pour autrui, d'inclure en lui ma perspective sur le monde. Plus simplement, il s'agit de faire droit à la perception telle qu'elle est vécue par chacun, où nous savons spontanément que chacune de nos perspectives ne sont pas « le dernier mot sur la chose », qu'elles sont destinées à être enrichies au fur et à mesure des expériences. En somme, nous savons que « cette perspective glisse spontanément dans celle d'autrui et qu'elles sont ensemble recueillies dans un seul monde auquel nous participons tous comme sujets anonymes de la perception ».

Cette dernière phrase est intéressante à plus d'un titre : elle nous **montre le cheminement de la réflexion qui conduit de la perception d'autrui à celle d'un monde partagé personnellement avec d'autres, puis enfin à celle d'un monde social**, c'est-à-dire constitué de sujets relativement anonymes (puisque je suis loin de les connaitre tous).

SECOND PARAGRAPHE

La signification partagée des objets

Le paragraphe suivant amorce ce mouvement réflexif : à la base, si je suis un sujet percevant, je me dirige vers le monde avec mes sens (la vision, le toucher, l'ouïe). Je vois les autres faire de même. Or, eux comme moi avons l'habitude de manipuler des objets, d'en saisir certains pour réaliser telle ou telle action, parce que nous savons à quoi ils servent. Du coup, **les objets, les outils, les instruments ont une signification intersubjective ou partagée** : le sens d'un objet ne se réduit pas à ce que je vais en faire, mais inclut « ce que ce comportement va en faire », donc ce qu'autrui va en faire. Et ce qui vaut pour un objet vaut bien pour d'autres objets : « Il se creuse comme un tourbillon où mon monde est attiré et comme aspiré : dans cette mesure, il n'est plus seulement mien, il ne m'est plus seulement présent, il est présent à X, à cette autre conduite qui commence à se dessiner en lui. »

De la perception du corps d'autrui à celle du monde social

Cela a des conséquences sur ma façon d'envisager **le corps d'autrui** : il est **une conduite, une façon de se comporter, d'être présent au monde**. Du fait qu'il manipule comme moi des outils ou des instruments, je perçois que ce corps vivant n'est pas banal : il a « la même structure que le mien », c'est-à-dire qu'il se donne à voir avec **un « style » comparable au mien**, sans devoir être identique pour au-tant. Je trouve en l'autre « une manière familière de traiter le monde ».

Il reste une difficulté : ce que je perçois d'autrui (ses compor-tements, ses prises de position, ses conduites), je le perçois autrement que quand il s'agit de me percevoir moi-même. **Autrui n'est pas présent comme je le suis à moi-même.** Aussi dira-t-on qu'**autrui m'est « ap-présenté »** (p. 409), c'est-à-dire présent mais par le détour de ma perception. Ainsi, par exemple, je tente de comprendre les comportements d'autrui : je peux me montrer empathique ou compréhensif, je peux être indulgent. Demeure toutefois une distance entre mon vécu et celui de l'autre, et ce sera toujours le cas, même si « si je cherche à vivre autrui » (p. 409).

Est-ce à dire que toutes les difficultés précédentes ressurgissent ici ? Que la distance entre soi et l'autre, qui semblait indépassable dans la perspective idéaliste, redevient le fin mot de l'affaire ? Non. Et c'est encore l'expérience perceptive qui va nous permettre de comprendre pourquoi. **Ma perception d'une chose appelle d'elle-même à être complétée** (comme en témoigne l'exemple de mon regard sur une table). **Il en va de même de ma compréhension d'autrui : elle aussi est animée d'un mouvement qui la traverse et la pousse à se développer**. Percevoir, comprendre sont ainsi « au nombre de mes possibilités propres » (p. 411) qui demeurent illimitées, indéfiniment ouvertes. À nouveau, on peut ainsi constater que ma finitude, le fait d'être limité dans la perception et la compréhension des choses et d'autrui, d'obstacle qu'elle était, se meut en « liberté » : « Ma liberté, le pouvoir fondamental que j'ai d'être le sujet de mes expériences, n'est pas distincte de mon insertion dans le monde. C'est pour moi une destinée d'être libre, de ne pouvoir me réduire à rien de ce que je vis, de garder à l'égard de toute situation de fait une faculté de recul, et cette destinée a été scellée à l'instant où [...] je suis né comme vision et savoir, où j'ai été jeté au monde. » (p. 413)

CONCLUSION

Le passage étudié s'est ouvert sur la difficulté qu'il y a à accéder à autrui qui est « hors » de moi et dont nous n'avons manifestement, selon l'idéalisme, qu'une représentation, une pensée interne. Or ce n'est pas ce que l'expérience quotidienne des autres et du monde nous enseigne, rappelle Merleau-Ponty : fondamentalement, par la perception, je suis ouvert au monde qui m'entoure, au temps, à la nature, et donc aussi aux autres. **L'altérité me traverse et me constitue**. Mon passé est déjà en soi une altérité en moi ; mais il faut aussi prendre en compte autrui et sa personnalité, et encore le monde social, constitué par la sédimentation de perspectives différentes, dont je ne connais pas les auteurs. **Le social** n'est donc pas un objet parmi d'autres qu'il me faudrait apprendre à connaitre de l'extérieur ; c'est plutôt **une des dimensions constitutives de mon expérience du monde** : « Notre rapport au social est, comme notre rapport au monde, plus profond que toute perception expresse ou que tout jugement ». Il est « un champ permanent ou dimension d'existence » (p. 415).

Le problème du social « rejoint ici tous les problèmes de transcendance. Qu'il s'agisse de mon corps, du monde naturel, du passé, de la naissance ou de la mort, la question est toujours de savoir comment je peux être ouvert à des phénomènes qui me dépassent et qui, cependant, n'existent que dans la mesure où je le reprends et les vis » (p. 417)

La perception est ainsi ouverte à un savoir que la pensée objective a quelque peu recouvert par son discours dominant. Merleau-Ponty termine son propos en rappelant qu'il ne s'agit pas pour lui de prétendre que le discours objectif est faux, mais simplement de le relativiser, de le situer dans un projet scientifique particulier (celui d'une manipulation de la nature) et qui n'empêche dès lors pas le déploiement d'autres façons de réfléchir sur soi, sur l'autre et sur le monde.

Votre avis nous intéresse !
Laissez un commentaire sur le site de votre librairie en ligne
et partagez vos coups de cœur sur les réseaux sociaux !

POUR ALLER PLUS LOIN

- MERLEAU-PONTY (Maurice), *Phénoménologie de la perception*, Paris, Gallimard, 1945.

Rendez-vous sur lepetitphilosophe.fr et découvrez :

Plus de 1200 analyses
Claires et synthétiques
Téléchargeables en 30 secondes
À imprimer chez soi

ISBN version numérique : 978-2-8062-4571-7
ISBN version papier : 978-2-8062-4611-0
Dépôt légal : D/2017/12603/552

Conception numérique : Primento,
le partenaire numérique des éditeurs.

Made in the USA
Monee, IL
07 July 2026